하늘에 빠진 날

류림 시집

문학공원 시선 132

하늘에 빠진 날

문학공원

자서

아이들
이야기입니다

나의 마음속에
숨어 있는
아이

귀중한
아이들

아이들
일상을
짧은 글로 내보입니다

2018년 늦은 봄

류 림 배상

차례

1부. 이럴 수가

2부. 이사 가는 날

3부. 어린 형제들

4부. 어린이 선물

작품해설

/ 1부 /

이럴 수가

아기 꽃신

아장아장
꿈꾸는 꽃신

살랑 살랑
꽃바람에

간들간들
꽃향기

걷고 있구나
아장아장

오빠와 누이

다섯 살

꿈속
얼레 줄 풀어
하늘 다 가질 듯 줄 따라 추는
바람 햇살도 가져라
오색 연
헝클어진 꼬리
까르르 웃고 있다

열두 살

얼레 줄
풀었다가 다시 당긴다
무지개 칠색 풀어내는 곡예사
세상 다 맡긴 웃음 터질듯이 싣고
함께 넘어지는 들녘
저 파란 하늘까지
가져오는
창

솔방울

똑

솔방울 하나
떨어지더니

저 혼자 데구르르 구르고
또 구르고
길옆으로 구르고
낙엽송 모여 있는
앉기 좋은 곳에 가서야

딱
멈춘다

혼자서
떨어지고
구르고
앉는다

벚꽃

꽃수레
봄의 길섶에
꿈속이라 적었다
얇은 살결
화사한 꽃무더기
구름같이 몰려오는 축하객들
가득 가득
쏟아질 듯 봄을 이고
바람결 따라
후루루 후루루 날아오르고
날갯짓 따라
가도 가도 끝나지 않는
꽃구름 속
화려한 봄을 분사하는
와 와!
열광의 도가니
절정의 눈물로 떨어지고 있는 꽃잎들
감동의 비가 내리고
꽃비 되어
행진은 계속되고
꽃수레
하얗게 꽃눈 뒤집어쓰고
꿈길 빠져 나온다

작은 밤배

잠시
어둠 짙은 강
풀잎 하나 띄워보자
이슬처럼
물안개 젖은 바람 속
두려움 있다면
차라리
이 강에 다 주어라
벗은 발 끝
찰랑찰랑 물비늘 오고
작은 노 누이고
풀벌레 울음으로 가고 있는
잔잔히 스며드는
강바람소리
다 같이 젖었음을 알리는
낮은 음 한절
흔들림 없는
짙은 산 그림자

나팔꽃 벽을 타고 오르다

참
당돌하다
망설임 있었을까
징검다리인 듯 건너뛰었을까
두려움 깃발인 양
밝은 눈
힘찬 땀방울 달았다
저 흔들림
거친 벽과 마주섬은 아닌 듯
서로의 이야기를 듣는
그늘과 그림자도 함께 오르고
더 멀리
더 높게도 갈 수 있다는
자유로운 기도
버티고 버틴 진심에 동그라미를 그린다
연습은 꾸준히 해나가는 것
자잘한 상처 내려놓은 듯
신뢰 걸어두고
환하게
마음을 열어보는
햇살 속이다

서출지 야경

비로소
남산의 어둠 감고
기다렸다는 듯
옷 벗는

연꽃 품은
음영
급하게 출렁거리고

二樂堂
면경에 비친 듯
빛과, 어둠의 분명함으로
숨었던 숨결 서서히 수위 높이는 사연

간절함의 낚싯줄 길게 던지면
지켜본 고송
나이데 문양 속 졸고

아직도
남산들 찾아오는 까마귀 떼
그때 그 생각 어떻게 저울질하랴

무논 개구리소리
해설인 듯
길다

업어본다

업어본다
등이 포근하고 따뜻하다

발자국 리듬은
덩실덩실 더덩실 더덩실

노랫소리는
따르릉 따르릉 따 따르릉

폭죽 같은 웃음
아이는 캐들거리고
할머니는 더 해들거리고

캐들 캐들
해들 해들

등이 따습다
세상이 따뜻하다

매화차

정좌하고
찻잔 닦아

봉긋한 꽃봉오리
한 잎 띄워

기다림
따르오

서툰 향
입술 터지는

이른 봄
다 가져도 좋을 듯

그 찻잔에
풍덩

나
빠졌소

꽃샘

스며드는 것이
몸살이라도 때릴 듯
오스스하다

숨겨둔 속내 보란 듯
살짝 치켜 올린 치맛자락
세차게 내리친다

저 산마루
새파랗게 경기 들린
어린 순 위로

무리지어
몰려오고
사정없이 흩어지는

봄 초입
산야를 잡아끌듯
아우르는 시샘

돌아섬이다

먹물

한지
한 장 펼쳤다

먹물 흠뻑 묻혀
붓끝을 다듬고 다듬었다

긴장은 금물
심호흡 길게 한번

앗
한 방울

건조한 지면으로 달려가는 수분 따라
자신의 영역을 끝까지 고집하는

흑백의
당당함

어떻게 할까
내 시선이 가는

선
하나 걷고 있다

아, 이럴 수가

절터가 된다는
밭고랑 가장자리
중장비로 파헤쳐진
흙무더기 옆

갓 태어난
실핏줄이 보이는
애기 쥐
여섯 마리

두 눈 감은 채
엄마 젖
꽉 물고 있는
분홍빛 입술들

손때 묻은
보금자리에서
산후조리 해야 될
어미 쥐

배내 옷 입힐 새도 없이
앞가슴 풀어헤치고
여섯 마리 새끼를 달고

공사판을 달리는 모성

아, 이럴 수가

비 오는 날

비 오는 날은
꼭 이팝나무 아래 차를 세운다
솜털 같은 꽃들
날개를 달고 보송보송 터뜨린다
간지럽다 못해
하늘거리는
하얗게 젖은 털을 털어가며
서로 등을 돌리기도
흩어진 줄에 붙어서기도
뒹굴다가
드러눕기도 하여
살피기에 혼쭐이 났다
소란스럽게 꽃 타래 돌려가며
바람 따라 춤을 추다
달려온 꽃들은
서로 앉고 싶은 곳을 겨냥하며
밀어내기도
엎어지기도
널브러지게 한잠을 청하는
꽃들의 놀이터에서
나도 하늘하늘
창밖으로 내려앉는 꽃들이 보고 싶어
비 오는 날은

꼭 이팝나무 아래 차를 세운다

발포해변의 달빛

맨얼굴로 오셨다
바람소리까지 벗어두고 오셨다

물결 위로 와
모래 벌에
차곡차곡 쌓고 있었다

잠을 설친 객
모랫벌을
맨발로 걷는다

옥수수

후 후
열기 털어가며
모닥불 속껍질 째로 묻어두었던
터질듯이 보이고픈 그 허리 잡혀주던 여름밤
후 후
한 겹씩 벗겨지는
환하게 고향 뜰 비추는 달빛 따라
실오라기
속치마 들추면
후 후
꽃 실 끝
사각거리는 잎
휘청거리는 몸으로
댕글댕글 드러내놓는
후 후
보듬어
뜨거운 입김
어디쯤 가까이 가도 될까
후 후
긴 세월
님의 꽃이라면
그렇게 가지런히 같이 설 수 있을까

아버님

매화향기 받쳐 들고
문안인사 드린 날

창살에 빗방울
아버님 옷고름에 얼룩진 봄

매화가지 하나
옛 고향 뒤뜰에 꽂으시고
허리 굽은 마른 풀을 쓰다듬는다

산등성이에 서있는 나무 가지 끝
찻잔에 띄운 꽃잎에도
고향산천 동동 떠가고

뜨겁지도 않은 찻물 후-우 불어
복받치는 정, 밀쳐놓고
겹쳐진 환한 미소 찾으신다

땀내 나는 품에 숨던
그때를 급히 들이키다
사래 걸려 토해내는

항아리에 꽂혀있는 어린 가지에

고향산천 달려와 봉오리를 패고 있다
매화향기 가득하다

아들

아들이 왔다
좋은 시간이다

같이 밥 먹으면서
이야기하고
내 옆에서 한밤 자고 갔다

어제는
아들을 기다리며
이방 저 방을 서성거렸다

어릴 적
그 예쁜 마음으로
엄마를 유달리 챙겨주던 아이

쫓아내듯
밀쳐내 보지만
꾸역꾸역 되돌아오는 허전함

이방 저 방을
털고, 또 닦아본다

내 등에 업혀
엄마, 소리밖에 모르던
어린 아이

그 가장자리에
잠시
나를 둔다

목련꽃

뜻
세우다
소소함 있으랴
마음의 옷깃 꼭꼭 여민다

눈부신 태깔
스치는 떨림
내보이고 싶은 그리움이리라

긴장하는 저 몸짓
돋움 발 하고
살포시 자신의 고귀함을 들추는

흔적의 아픔 한 겹씩 벗겨내고
한 해의 꽃자리에
새순처럼 서면

우거진 숲으로
그들과 같이 한 세월
지나가리라

차갑게
고요를 대신하는
기도

우러러
몸짓으로 내보이는
봄

아이는

아이는
갓길을 바르게 걷기보다
뒤돌아서
빙그르르 맴을 돌다가
숨바꼭질을 해도 시간이 남는다
오던 길을 다시 가는 것은
재미가 없다

숨어본다
금방 보이던 아이를 찾느라
가슴이 뛰고
숨 가쁘다

그네를 탄다
있는 힘을 다해 밀어보란다
하늘 끝까지
까르르 웃다가

그네 줄을 돌돌돌 말아서
회전돌기를 몇 번이나 하다가도
이내 달린다

달리다
개미를 발견하고
풀잎 뜯고, 꽃잎 주우며 가도
따분한

아이들을 만났다
힘차게 뛰다 넘어졌다
다시 구르고 숨다가 잡히고
따라잡느라
눈빛이 달라지는
웃음소리
높아진다

유자를 보냈다

꽃망울이 보인다
따라, 봄이다
꽃 위로 윙윙거렸던
벌 발톱에 묻은 그 꽃가루가
동동거리며
울타리를 넘나드는 목소리만큼이나
큰손으로 나누는
바닷바람이 묻은 유자를 많이도 보냈다
똑똑
노크하고
다른 세상으로 와르르 쏟아지는 향
꽃말에
어우러지는
저희들끼리 자랐다고는 하지만
하루도 같음이 없는
그 세월
뚝뚝 자루 속에 담은 마음 예사로웠을까
유리병 고르고
기쁜 소식은 따뜻한 가슴 속
한 바퀴 돌아와
찻잔에 몽글몽글 떠다니고 있는
지금

수화기를 든다

대문

풍경소리에
잠시 방문 열어둔다
삐꺽 소리 내고
하얀 고무신 코 들이밀고 오시려나
빗장 틈 사이
가을걷이 알곡식을 이고 가는 안강댁
빗장 걸어두었지만
가을무우 몇 단
대문 밀어보고 간 흔적
검은고양이
소리 없이 작은 틈 사이로 왔다가고
풍경소리에
두루마기 자락 펄럭이며
할아버지 하얀 고무신 대문턱 넘었다
소매 안
손수건에 싼 송편을
가지고 오신다
달려가는

꿈이다

다솔사와 차

발원
오직 세일배로
품었던 나무 한 그루 심는다
자신의 길이라
일생을 녹여내는
경내 법으로 자라는 차나무
혀 내민 새순
몇 번의 달금질로
제자리 찾아 앉았나
한 방울 수분까지
낱 잎 달래고 있을 아홉 번의 덖금질
일상을 알리는 예불이어라
엄숙한 다기
소신공양으로 드러내는 향
타래 풀어 쏟아지는 혈서이거늘
발원의 모태 찾아가는
천천히 미각도 따라가는 길목
정좌와 침묵사이
허공을 가르고 있는 향
눈 내려 감고
삼매에 든
차 한 잔

감물

흔적이었다
기다림이 지겨워
성급하게 깨물었던 풋감
질척거렸던 손을 광목치마에 훔치던
기억이 끝까지 남았다
문질러 삶고, 방망이로 두들겨도
더 도드라져
내보이고 싶은 흔적

젊음이었다
한 올 한 올 씩
잠식해가며 뜻을 펼치는
기어코 영역을 표시하고 나서야
한풀 꺾는
정련된 천과의 승부에서
백기를 쥐어주는
감당할 수 없는 젊음

촉감이었다
올올이 배여 있는 떫은 맛
날 세운 햇살에 맞서서
뒷걸음질 칠 수 없는
성품을 고스란히 드러내며

고개를 치켜드는 풋감의 촉감
갈옷에
손을 훔친다

씀바귀

바람 부는 길섶
수분 한 끼 아끼고 있을
마른 풀잎들

푸석한 들녘 쓰다듬은
바짓가랑이에 묻은
겨울 먼지를 털어내며

봄이 그리운 밥상에 앉아
햇살 뼛속 깊이 가둔 쓴맛으로
기운을 찾으려는 듯

쩝쩝 소리 내어
쓴 나물 한 접시로
연신 봄맛을 끌어오시던 아버지

터진 손등처럼
산야의 허연 길 따라
아득하게 숨어있던 봄

손가락 끝에 쩍쩍 달라붙는
하얀 진액을 찾아
계절 끝 언저리를 쏘다닌 그때

눈 맞추는 씀바귀
한 잎 물고 진저리를 친
그 들녘 머금은 새순

소완에
정성스레 담아본다

그리움

하얀 소매
장미 한 송이

꽃잎 하나
붉게 묻혀
향기로운 길속으로 걸어가면

쪽진 비녀 곁 색실을 꽂고
정갈하게 다려놓은
낡은 소매가에 앉아

한 땀 한 땀
아래에서 위로 다시 아래로
점을 찍어가던 바늘 귀 잡은 수(繡)실

그 실을 잡아끌고
딸의 정원에
꽃을 가꾸시던 어머니

고개를 내민 바늘 끝
수실을 칭칭 감아 올려 붉은 색 옷을 입히다가
살짝 눌러
바늘은 아래로 숨는다

그 자리
꽃잎을 물고
장미 한 송이 심느라

바늘 끝에 찔린 손끝
붉은
핏방울

눈이 녹아요

똑 똑
낙수소리
벌써 문 열어드렸네

꽃으로
두드려
눈물까지 보였으니

그 마음
거두기가
수월하지는 않았으리

똑 똑
밤을 새는
성급한 봄소리

봉래산

가을 색 가지가지
모둠으로 앉히고
디딜 틈 없이 발끝 세우고
아우성이다
갇혔던 소리
몰아오는 골바람 따라
작은 섬까지
이 능선에 같이 부대끼고 싶어
예쁜 색들만 집어서 간다
떨어져 내리는 은행잎
노랑나비로 날려
저 억새에 얹혀있는 씨앗들
실어 가보자
다가올 추위며
가뭄걱정에 소란 떠는 낙엽들
따뜻함 밖에 무엇으로 대신하랴
한 줄기 비
어린 나무 옆이라면
좋으련만
서로를 보듬어
붉게 물든 단풍
이 능선이 다 놀라는구나

다림질

이슬 내린 풀밭
풀 먹인
치마 널어두고

다리미에 숯 몇 개 올려
불기 달구던
바람을 찾아 나서면

개울가
방망이소리
묵은 정 두드린다

밀가루 풀을 쑤어
뙤약볕 등지고 앉아
두 손으로 치대어가면

치맛자락에
주름진 기억들
낱낱이 다려진다

이쪽저쪽 옷깃 잡아당기고
밟고 뒤집어서
엉성한 골들 다독이면

꼽곱하게 녹아지는 생각들
가지런한 매무새로
예를 갖춘다

섬에는

사방에서
오는 이야기
모두 산으로 간다

따뜻한 바람
힘찬 물결
큰 뱃고동소리도 산으로

빗소리도 산으로부터
폭풍우도 산에서 쉬고
내리는 눈송이도 산을 좋아한다

밤이면
손 뻗어 잡힐 것 같은
별빛

낮이면
꿈 실어가는 바람
날갯짓도 보이는 산

멀리
작은 섬 등대도
산을 바라보며 신호를 보내고

지나간 흔적도
산에다
두고 가는

섬에는
은하수도 잡을 수 있는
산이 있다

아이와 방관자

지하철 안
중심 잃고
길-게 풀어져 있는 운동화
저 끈

(아이는)
횡단보도 건너다가
떨어진 꽃을
줍는다

문에 걸리기라도
비틀거리는 발에 밟히기라도
에스컬레이터를, 타다가
저 끈이

(아이는)
신호등, 숨 가쁘게 깜빡거리지만
호 호 불어
두 손으로 꽃잎 감싸고

문은 양쪽으로 열려
아슬아슬하게
끌려 나가는

저 끈은

(아이는)
꽃술을
바로 잡는다

/ 2부 /

이사 가는 날

하늘에 빠진 날

비가
다녀갔다

바다가 되어버린
넓은 운동장

파란 하늘
솜털구름이 새하얗게 내려왔다

찰방찰방 발 담그고
숨죽인 치맛단 치켜 잡아

물 동그라미
간지러운 발끝을 따라 간다

아찔한 멀미
아
파란 하늘 솜털구름에 떨어지는 외마디

털썩
주저앉은

치맛단에 올라앉은

하늘 구름도 놀랐나 보다
후
그래도 안심이다

이사 가는 날

소달구지
올망졸망 이삿짐 싣고

외할머니 둘째 동생 걸리고
셋째 동생은 할머니 등에

엄마 손 잡은 나는
내 짐을 챙겼다

색색 자투리 헝겊을 담은
내 보석상자

울퉁불퉁 시골길
이월 바람 부는 길

엄마는 달란다
"팔 아프다 아가야"

내 건너고 비탈길 걸어서
타박타박
내가 가지고 이사했다

잠투정

맨날
나만 엄마가 멀다

맨날
젖먹이 동생은 엄마 곁에서만 잔다

울먹이며
한번만 바꾸어 자자고

엄마는
엄마랑 한 방에 자도 그러냐

그래도 엄마 옆에 꼭 붙어 자는
동생이 부럽다

놋그릇 닦기

양지 바른 죽담
덕석을 펴고
기왓장가루와 적심할 물그릇
마른 수건까지

대대로 내려온 놋그릇들
향로 촛대
조상님 흔적이 묻어있는
제기까지 줄지어 있다

분가루 묻히듯
짚 묶음에 물 적당히 묻혀
천천히 광을 내는 닦음질

명절을 입히기 위해
할머니 고모 숙모
젓가락 수를 헤아리고 있는 손녀까지

옛날이야기
닦음질에 섞여
광으로 입혀지고

저녁 노을빛

눈부시게
명절 기다리고 있다

유월 냇가

하얀 찔레꽃
기어오르는 언덕배기

딸기 덩굴에 매달린
새빨간 유월

갓 차린 냇가 소꿉놀이
판판한 돌 위 햇볕은 따갑다

그을린 이마 위로
헝클어져 내리는 머리카락

덤벙 코 막고 물 위에 누워
가르마를 가르는 새색시

참빗질보다 더 가지런한
머리 결에 매달린 진주알

하늘 보고 산 보고
진주알에 비친 뺨이 통통하다

해거름

은 융단 펼친
들녘

저 산마루
날갯짓 바쁜 새

어스름한 그쯤에서 기다리던
엄마 그림자

바스락거리는 바람
신발 끄는 소리

부탁을 한다
엄마랑 같이 오라고

엄마가 그립다

삼촌은 나보다 한 살 위

공책 사주시며 아버지께서
“삼촌하고 나누어 가져라”

예쁜 공책 내 가방에 다 챙겨 넣으며
“우리 아버지가 사주신 거야”
삼촌을 약 올렸다

다음 날
내 살갗처럼 찢어진 공책이 아까워
울고 또 울었다

나중에 삼촌도
나를 보고 울고 말았다

정말 얼음장이네

꽁꽁 언 손으로 들어서면
맨발로 달려 나오시는 할머니
"어이구 얼음장이네"
절벽 같은 가슴팍에 두 손을 녹였다

난 심심하면 큰소리로
"할머니, 나 얼음장"
웃으며 달려 나오시는 할머니
"정말 얼음장이네"
절벽 같은 가슴팍에 두 손을 넣었다

할아버지 가르침

마당을 쓸고 있는 손녀
밖으로 쓸어내는 비질을
지켜보시고는

손수 비를 잡으시고
골목에서부터 집안으로 쓸어들이시고는
비를 세우시며 손을 터신다

아침 밥상머리에서
"비질은 밖에서 안으로 쓸어들여야 한다."
"그래야 집으로 복이 들어온단다."

아침 일찍부터
복을 들이느라
부지런히 골목길을 쓸고 있는 손녀

일학년 담임선생님

작은 시골학교
우리 집은 우물이 있는 사택

나는 일학년
담임선생님은 우리 아버지

친구들 동그란 눈을 반짝이며
"집에서도 선생님이라고 부르니?"
나는 고개를 저었다

다음날도 동그란 눈을 반짝이며
"집에서도 선생님이라고 부르니?"
나는 눈을 흘겼다

그, 다음날도 동그란 눈을 반짝이며
"집에서도 선생님이라고 부르니?"
나는 울고 말았다

뻐꾸기소리

이 소리 알고 있었니
언제 들었니
무섭지 않았어
깊은 산길
푸른 저수지 저쪽 산이 울었다
이쪽 산이 대답하는
산울음에
엄마 등에서
눈 감고 있었다
두 손 꼭 쥐고
두 눈 꼭 감아도
나를 잡아당기는
산울음소리만 듣고
뻐꾸기는 보지 못했다

선녀목욕

소금처럼 짠 한낮 더위
그래도 저녁 수제비는 맛나다

반딧불도 가버린 담벼락
개울가 물소리만 애를 달군다

깜깜한 담장 사이 치마 말아 꽂고
작은 틈 사이 하얀 윗옷까지

발가벗은 친구들 보이는 듯
부끄러워 웃고 있다

미끄러운 돌을 달래가며
몸 담구고 머리도 감는다

종일 더위 물 위에 띄우며
젖은 몸 젖은 옷도 시원하다

가마 타고 오신 숙모

동지섣달 추운 겨울
가마 타고
시집오신 우리 숙모

담장 너머 이웃들
새색시 구경에
연지 볼이 더 붉다

비단 수건
초록 저고리 빨강 치마로
들어서는

눈 내려 뜨고
큰상 앞에서
친척들께 매무새를 보이신다

동백기름 바른
쪽진 머리
옆얼굴 쓰다듬었다

많은 친척 모여도
우리 숙모보다
예쁜 사람은 없다

염소와 나

논두렁길
아버지와 손을 잡은 듯
윤이 반지르르 흐르는 염소는
보리 순도 그냥 두고
새색시 마냥 고개 숙이고 간다
줄을 놓아버리자
풀이 무성한 논두렁을 바라보며
행복에 겨운 소리로
-음 에에 애-

탱탱한 줄에 힘을 주며
뒤로 넘어질 듯, 끌어당겨보지만
엉뚱하게 보리 순을 싹둑싹둑 먹어치운다
입을 앙 다물어도
꼼짝없이 질질 끌려가는
겁먹은 나
으앙, 울음을 터뜨리면
승리감에
-음 메에 메-

할아버지의 삼년상

유월 그믐
오색 휘장 펄럭이며
할아버지 뒷산 양지바른 곳에 모셔두고

사랑 채 제단 위
종이꽃으로 장식한 빈소에
베옷 가지런히 걸었다

삼년 동안 초하루 보름
제례 상 차리고 베옷 입은 곡소리
산마루 할아버지께서 듣고 계셨다

아침밥상 먼저 제단 위에 올리고
할아버지께서 물린 상으로
바쁜 아침이 시작되는

친척 방문 이웃집 차반
사과 배 과자 등이 줄지어 있는
할아버지가 계신 빈소에 먼저 고했다

하루같이 예를 차린 삼년상
휘장과 상복을 태우며 자손들 곡소리
하늘 높이 소지를 따라 올라가던 날

꽃상여 타고 가신 할아버지
꿈속에서도 오시지 않으셨다

선달 다듬질

얼어 터지는 선달
아랫목의 아이들은
이불을 당긴다

설을 앞둔 어머니
윗목 다듬돌 앞에서
명절 다듬기를 시작한다

찬 바람소리
집적거리던 아이들도
코를 골고

명절이 가까워짐을 알리는
온 동내 다듬이소리는
한밤의 신들린 리듬

할머니도 마주앉아
박자 리듬을
귀신처럼 맞추어가고

먼저랄 것도 없이
자지러지는 자정
하루를 다듬어내는 소리

새해를 준비하는
섣달 다듬이소리는
일 년을 다듬어내는 소리다

모두가 가족이다

선달 제사
제를 지낸 흔적
집집마다 나누고 싶어

밥 나물 생선 전 과일 술
탕국물까지 이리 저리 귄
함지박 머리에 이고

어둠이 짙은 담벼락길
호롱불 들고
조심조심

개 짖는 소리
매운바람 무섭게
달라붙고

딸랑이 찾기도 전
인기척을 전해주는 이웃들
기다린 눈치다

동내를 다 돌아서오면
섣달 추위도
무서움도 없이

음식을 나누는 인정
기다리는 이웃
모두가 가족이다

/ 3부 /
어린 형제들

엄마바보

엄마

"저 달 좀 봐"
"달이 구름 속에 숨었다"

아이

"아니야, 구름이 달을 가렸어"
"달은 숨을 줄 몰라"

새 신발 사러 간다

걸음마하는 우리 공주
예쁜 신발 신겨주며

“발이 많이 자랐네”
“새 신발 사야겠네”

엄마가 잠깐 바쁜 사이
놀던 공주 어디로 갔나

골목길을 꺾어서
뒷짐 지고 아장아장

뒤쫓아 오는 엄마 보고
새 신발 사러 간단다

외갓집

동물원이다
외양간에 송아지
마루 밑에는 강아지들
큰방에는 고양이

처마 밑 제비새끼들 입 벌림
후르르 날아가는 참새 떼

무당벌레 잡아서 손등에 태우고
병아리 쫓아가다 넘어지기도
외갓집을 좋아한다

온갖 잡초 뜯어다가
돼지우리에 던져 넣으며
거미줄에 걸린 잠자리 잡기

젖은 마당에서
강아지 병아리도
아이들 소리에 도망을 간다

생일 사자

빵집 앞에서
"생일 사자"
발을 동 동 동

예쁜 촛불 켜고
"생일 사자"
침을 꼴깍 꼴깍

누나 생일날
"생일 사자"
축하노래 부른다

형 생일날
"생일 사자"
손뼉 치며 웃는다

곶감 낚시

아래층 베란다
꼭지 달린 곶감을
말리고 있다

아빠 낚시 장비를 뒤져
낚싯줄 바늘 납
추를 달아 채비를 했다

동생은 야간보초병처럼
인기척소리를
형에게 알린다

형은 낚싯줄 내렸다
닿을 듯 닿을 듯
애를 달구는 낚시

인기척이 들린다
잘 훈련된 사병처럼
재빨리 철수하며 안방에 숨는다

막내

쪼르르 달려와
엄마 표정 살피더니

포동포동 작은 손으로
눈물 닦아주니 엄마는 더 서럽다

엄마 얼굴 감싸고
"엄마! 아야 해?"
"약 사올까?"

고개를 저으며 울다가 웃으며
"아니야, 괜찮아"
"엄마 괜찮아"

쪼르르 달려가 볼펜과 종이 한 장 가져와
엄마 아픈 곳 적어달란다

멀리 있는 약국까지 갈 수 있다고
길옆으로 조심해서 갈 수 있다고

약국 선생님께 쪽지 전할 수 있다고
우리 막내는 그때부터 해결사

아이들 재우기

인간극장
네 쌍둥이 키우는 걸 보다가

우리 아이들
연년생 키우던 생각이 났다

엄마는 늘 시들시들한
파김치가 되어

잘 줄 모르는 아이들과
머리싸움에 별것이 다 동원된다

이불을 뒤집어쓰고
무서운 이야기 꾸미기 시간

긴장감에 조용하다
꼼지락거림도 없어 자는 듯

성공한 기분에
눈에 자석을 달았다

딩동댕 딩동댕 초인종소리
아빠가 돌아왔다

굴속에 갇혔던 곰 세 마리
뛰어 나오는 병사처럼

아빠다! 아빠다!
외치면서
신나는 무대가 새로 펼쳐진다

엄마는 밤이 되면
늘 쉬고 싶고
아이들은 언제나 놀고 싶다

나는 사람입니다

두 유치원생을 거느린 누나는
동생들 총책임자

엄마는
오늘의 생활 보고를 듣는다

손자 보듯 하시는 아주머니
아이들이 귀여워 사탕 값을 주시는 아저씨

우리 막내는 늘 당당하게
"아저씨 돈"하며
꼼짝 못하시는 아저씨

어떻게
혼을 낼까

엄숙하게
"막내야, 너는 거지냐?"
"왜 아저씨께 돈을 달라고 하니?"

벌떡 일어선 막내
정색을 하며, 큰소리로
"아니요"

"저는 사람입니다"

웃음바다가 되었다

어린 형제들

올챙이가 사는 개울가
이야기 구경을 간다

스타킹에 짧은 반바지
가벼운 차림으로 셋이서 갔다

뒷산 도랑가 제법 바람이 찬 오후
형과 누나는 물에 빠진 동생을 씻기고

누나는 스타킹을 벗어주고
반바지 차림으로

형은 바지를 벗어주고
스타킹만 신은 채

막내는 웃으면서
셋이서 손잡고 돌아왔다

모두가 돌보는 아이들

아들은
같은 학교 일학년

종례가 끝나면
운동장에서 기다려준다

오늘따라
아이가 보이지 않는다

있어야 할 아이가 집에도 없어
불안한 마음에 뛰고 있었다

어스름한 겨울 저녁 저 멀리
가방을 맨 꼬마가 횡단보도를 건너고 있다

어린이가
정류장에서 서성거리고 있을 때

모르는 형은
버스를 태워서 보내주었다

아이는
모두가 돌보는 것이었다

딱지 선물

신문지 잡지책 헌교과서로
딱지를 접는다

레고상자보다 더 필요한
크고 힘 있는 딱지

쉬는 시간 점심시간
숙제도 안하고
놀고 싶은 딱지놀이

막내는 딱지가방만 들면
신나는 딱지치기 선수

여자 친구가 돌아가는
현관에서 망설이던 막내

딱지상자 채 선물했다
하나도 안 남기고

내가 키우는 게 아니었다

이사 온 첫 등교
길눈이 밝지 못한 중학생 딸

삼십분이나
달린 버스 안

옆에 계신 아주머니께
"아주머니 S여중 가는 차 맞나요."

아주머니께서는 손을 잡아주시며
"걱정마라."
"반대편에서 태워줄게."

바쁜 출근길, 자기자식 챙기듯
직접 내려서 택시를 태워주신 분

"감사합니다."
인사만 하고 왔다는 딸아이

내 아이들 내가 키우는 게 아니었다

좋아하는 선생님

이학년 되는 날
오학년으로 가신 선생님 따라
올해는 오학년이 되겠단다

내년에
선생님과 같이 이학년이 되면
걱정 없단다

선생님 결혼식 날
꽃다발로
축복해드리고

대학 합격 후
선생님을 찾았을 때
선생님의 큰 눈은 더 커졌다

음료수를 들고
선생님을 뵙고 온 날
사과박스를 안고 제자를 보러 오신

선생님보다 큰
제자를 안고는
오랫동안 등을 쓰다듬어 주셨다

/ 4부 /

어린이의 선물

이상한 준비물

갓 들어간 일학년 동생
준비물은 누나의 역할 분담

아침이면 머리손질 옷 입기
깔끔한 성격에 동생준비물까지

동생은 알림장을 보여주며
"누나야, 소리 나는 물체"

엄마보다 더 바쁜 누나는
순간 구두칼로 머리빗을 긁어 보이며
"자 이렇게 소리 나지"

동생은 의기양양하게
준비물을 책상 위에 올려놓고

탬버린을 흔들고 있는
아이들이 이상했다

어린이의 선물

예쁜 일학년
웃으며 다가와 귀에 대고
"눈 감아요"

눈을 감았다
"손 펴보아요"
작은 소리로 속삭인다

조그만 손으로
쥐어준 선물
땀이 촉촉이 배어있다

콩 콩 콩 달려가며
제법 큰소리로
"이젠 눈 뜨세요"

잠잘 때도 꼭 쥐고 자는
이티인형을
선물하는 일학년

아이들 · 5

쓰레기봉지를 들고
까르르 웃는 아이들

쓰레기를 찾느라
숨바꼭질을 한다

보석 같은 웃음을
가득 머금고

보물찾기 하듯
쓰레기를 줍는 아이들

생선 얼굴

조용한 급식 시간
저쪽 끝에서 밥을 먹던 지성이
심각한 표정으로 다가와
귀에 대고 속삭인다
"생선 얼굴, 꼭 먹어야 하나요?"

급식을 예쁘게 먹던 지성이
찬반을 남기지 않으려고
작은 생선머리 때문에 생각을 하다가
식사예절 약속을 지키며
귓속말로 선생님께 질문을 한다

머리 쓰다듬어

아이들
돌아갈 시간

선생님은 뒷문에 서서
아이들 머리를
쓰다듬어주신다

입김이 그리운 아이들
선생님께 머리를 들이대며
웃으며 다가간다

차별이 될까봐
꼭 두 손으로
마음을 나누어주신다

인사를 하며
따뜻한 햇살을 안고
웃으며 돌아가는 아이들

치카치카 부대

칫솔에 치약을
묻히고

한 손에 칫솔
한 손에 컵을 들고

수돗가로 가는
치카치카 부대

계단을 천천히 내려와
수돗가에서 이를 닦는다

위쪽 아래쪽
깨끗이 한 번 더

와르르 헹구기도
꼭 같이 따라 하는

예쁜 이 하얀 이
치카 치카 치카

승우 할아버지

승우 가족은
할아버지 할머니 그리고 부모님
승우 동생은 일학년

아버지 일찍 출근하시고
어머니 집안일로 잔걸음 칠 때
할머니도 일터로 가신다

운동선수로 활동하시다가
퇴임하신 할아버지
손자 둘을 등교시키는 역할

아침 일찍 일학년 교실
깨끗이 청소하시고
물까지 떠놓으신다

빡빡 문질러 닦은
승우 반 화장실을
칭찬하시는 교장선생님

수업 시작을 알리는 벨소리에
운동장에 떨어진 유리조각을 주우며
돌아가시는 승우 할아버지

어린이 치약

"민지야 치약 좀 빌리자"
"어린이용이에요."
"선생님도 어린이 한 번 하자"

예쁜 분홍색 치약
달콤한 치약으로 어린이가 되니
입안이 웃고 있다
좋아서 두 번이나 빌렸다

살금살금 다가온 민지
책상 위에 치약 하나 두고 가면서
"우리 집에 치약 많이 있어요."
오늘도 치약 사는 걸 깜빡했다

같이 나눌 수 있어요

준비물에 감도 있어요
모둠끼리 모여앉아
같이 나눌 수 있어요

나누어보고
나눈 것이 서로 같은지 확인해가며
먹어보는 것도 괜찮아요

풀이 죽어있는
찬미만
아무것도 없다

모둠 끼리 빌려주기도
서로 사이좋게 의논도 하지만
아무도 주고 싶지 않은 모양이다

조용한 찬미 옆에
감 하나 두고
웃는 모습 확인했다

오늘 아침 내 책상 위
예쁜
감 하나

파마머리 엄마

양파를 반쪽으로 잘라
파마머리 엄마로 꾸몄다

흙을 채운 요구르트 병에 거꾸로 꽂아
게시판 좁은 틈 엄마를 세웠다

개학날 교실 문을 여는 순간
초록색이 눈을 때린다

흙냄새를 보약처럼 맡아가며
잘려진 상처를 얼려가며

사십 여일 물구나무 선채
당당히 새순 내밀어 기다린 개학

물 한 방울 햇빛 한 줌도 없는
컴컴한 추위 속에서도

파마머리에 초록색 리본으로
화려하게 아이들을 맞이하는 엄마

자기 뉴스 발표하기

오늘은 자기 뉴스를 발표하는 날
흑백 체크 오버를 멋있게 입은 다정이
"오늘의 아나운서 김다정입니다"

아이들은 좋아하며 박수를 쳐준다
TV도 없는 수성이도
또박또박 자기 뉴스를 전했다

민수 큰 눈에 울음보가 달렸다
"민수야, 발표해야지"

때 만난 민수는
교실이 떠나갈듯 울음보가 터졌다

아이들은 영문도 모르는 채
와 와, 웃는다

겨우 울음을 멈춘 민수
"엄마가 뉴스를 못 보게 했어요."

규범이

아침 햇살이
규범이의 빰을 쓰다듬는다
늘 두 손으로 가슴을 안고 있는
엄마 품이 그리운 아이

겨울 잠바를 입고도
꼭 모자를 눌러 쓰고야 만다
챙겨주는 어린 누나도
안타까운 마음을 숨기고 있다

고개를 들면
뚝뚝 떨어질 지도 모르는
글썽이는 마음 때문에
책상에 엎드린다

이마를 쓰다듬던 엄마 손길
간지럽던 엄마목소리
따뜻한 찜질팩을 안아보지만
배가 사르르 아파온다

아픈 배로 엄마 품 밀쳐내고
칭찬스티커 하나 받고
배시시 웃는
애절한 그리움이다

아이들 · 4

아이들은 솔직했다
진우는 제일 먼저 바다를 보고
웃으며 달려간다

바지를 걷어 올려라
그것보다 더 급한 것은
운동화를 벗고 달리는 것이다

옷이 흘러내린 줄도
모르던 민철이
두 손으로 사탕 하나 놓고 간다

모래 턴 손으로
김밥 한 개 들고 와
'선생님, 아' 하란다

찬미는 풍선껌 불고
다예는 밀고
깔깔거리는 소리에 껌 풍선이 터졌다

유찬이
생수를 쏟아 붓는다
운동화 속 모래를 씻는단다

서로 다툴 틈도 없이
돌탑도 쌓았다
이마에 땀이 송송하다

민철이

아이들과 진도를 맞춘 적이 없는
혼자서 노는 아이

낙서를 좋아하고
혼자서 이야기하며
연필깎이 통이 장난감이다

급식시간 식판을 아무렇게 놓고 가는 아이들
불안하게 쌓여있던 식판을
가지런히 정리하는 우리 반 민철이

오늘은 앞으로 나와
알림장 마무리를 알려준다

자유로운 진우

수업시간에 진우가 없다
중간 놀이시간에 나간 진우는
돌아올 줄 모른다
찬미는 교실에 있기보다
진우를 찾으려
휑하니 나가는 게 더 신났다
빨갛게 상기된 얼굴로 돌아온 진우
비닐봉지 속 풀무치 한 마리
"선생님, 풀무치 보아요."
늘 행복해서 웃고 있다

급식소 가는 길
잠자리 한 마리 날고 있다
나란히 줄을 서서 질서를 지키는 친구들
진우와는 상관 없는 일이다
잠자리와 숨바꼭질하며
운동장으로 화단으로
잠자리보다 더 많이 날고 있었다
웃음에 빠져서 돌아온 진우
흙 묻은 비닐봉지 속
나비 한 마리
겁에 질려있다

/ 작품해설 /

전통 의식, 동심, 그리고 사물

– 류림 시인의 시세계

강 희 근(시인 · 한국문인협회 부이사장)

전통 의식, 동심, 그리고 사물
– 류림 시인의 시세계

강 희 근(시인 · 한국문인협회 부이사장)

1.

류림(본명 류춘자)은 평생을 초등 교단에서 어린이와 교감하며 어울리다가 정년을 다한 충직한 교사였다. 그녀는 얼굴만 봐도 교사라는 분위기를 주는 듯하다. 언제나 다소곳하고 바른 말을 골라 하고 행동에 앞서 생각하는 노력을 보인다는 점에서 그러하다.

우선 류 시인은 최후의 농경사회 속에서 성장하면서 우리네 가풍 또는 전통이 갖는 시속과 예절에 밝다. 여인, 또는 모성으로서의 여인이 갖는 품성을 지니는 시인이라는 점이 주목된다. 그런 점에서 볼 때 류림 시인은 의식으로는 전통의식의 지배를 받고 품성으로는 동심의 지배를 받고 있다고 할 수 있다. 그리고 사물이 사물로 격을 지키고 있는 시를 보여준다.

2.

류림 시인의 시는 전통사회 속에서의 의식이나 가풍에 깊이 연계되어 있다. 전통가의 며느리라든가 다림질 이야기라든가 삼년상 같은 상례라든가 할아버지의 훈육이라든가 하는 사례들에서 그러하다.

하얀 소매
장미 한 송이

꽃잎 하나
붉게 묻혀
향기로운 길 속으로 걸어가면

쪽진 비녀 곁 색실을 꽂고
정갈하게 다려놓은
낡은 소매가에 앉아

한 땀 한 땀
아래에서 위로 다시, 아래로
점을 찍어가던 바늘귀 잡은 수실

그 실을 잡아끌고
딸의 정원에
꽃을 가꾸시던 어머니

고개를 내민 바늘 끝
수실을 칭칭 감아 올려 붉은 색 옷을 입히다가
살짝 눌러
바늘은 아래로 숨는다

그 자리
꽃잎을 물고
장미 한 송이 심느라

바늘 끝에 찔린 손끝

붉은
핏방울.

— 「그리움」

따옴시는 화자의 그리움을 말하고 있는데 그 대상은 수실 뜨는 어머니다. 그 수실 뜨는 정숙하고 알뜰한 모성애가 화자가 그리는 유년시절의 어머니인 것이다. "쪽진 비녀 결 색실을 꽂고", "수실을 칭칭 감아 올려 붉은 색 옷을 입히다가"라는 구절에서 침선에 든 이의 고결함이 엿보인다. 바늘귀로 꽃을 심어 붉은 옷을 만드는 것에서 조선 여인의 품성과 한 같은 내면을 엿볼 수 있다. 거기서 "바늘 끝에 손끝이 찔리고 핏방울"이 난다. 핏방울과 장미는 같은 색깔이다. 여인의 삶은 그러므로 한이나 아픔을 동반하는 것이고 단심 같은 핏방울의 순혈로 부녀자의 길을 닦고 사는 것이리라. 류 시인은 그런 전통가에서 그런 모성의 젖을 먹고 자란 것이다. 다음 시를 읽자.

유월 그믐
오색 휘장 펄럭이며
할아버지 뒷산 양지 바른 곳에 모셔두고

사랑채 제단 위
종이꽃으로 장식한 빈소에
베옷 가지런히 걸었다

삼년 동안 초하루 보름
제례상 차리고 베옷 입은 곡소리
산마루 할아버지께서 듣고 계셨다

아침 밥상 먼저 제단 위에 올리고
할아버지께서 물린 상으로
바쁜 아침이 시작되는

친척방문 이웃집 차반
사과 배 과자 등이 줄지어 있는
할아버지가 계신 빈소에 먼저 고했다

하루 같이 예를 차린 삼년상
휘장과 상복을 태우며 자손들 곡소리
하늘 높이 소지를 따라 올라가던 날

꽃상여 타고 가신 할아버지
꿈속에서도 오시지 않으셨다

―「할아버지의 삼년상」 전문

삼년상은 삼국시대애 이미 있었고 조선시대에 들어 더 많은 백성들이 예를 지켰다. 삼년이란 부모가 자식을 키워 제 발로 걸어가게 한 시간이라는 뜻인데 효도의 극치를 보이는 상례라 할 것이다. 상례의 첫 절차는 초상이다. 그 다음은 소상(小祥, 1주기), 마지막으로는 대상(大祥, 2주기) 이렇게 하여 삼년상이다.

따옴시에서 류 시인은 삼년상에서 이루어지는 절차를 소상히 밝혀 놓고 있다. 이 절차를 아는 사람이 오늘날 얼마나 있겠는가. 이 절차만으로도 류 시인의 상례의식의 깊이를 짐작하고도 남을 것이다. 첫 연에서는 초상을 말하고, 2연에서는 빈소 풍경이고, 3연에서는 초하루 보름 제례상을 말하고, 4연에서는 제단 밥상 다음에 일상의 아침

상을 차리고, 5연에서는 친척방문과 차반 이야기이고 6연에서는 3년 탈상의 의식이고 7연에서는 마지막 할아버지 꽃상여로 나가심을 말한다. 류 시인은 이런 절차가 어린 시절 몸에 배인 며느리요 손부였다고 생각해보면 오늘의 여성이면서 어제의 전통으로 살고 있음을 긍지로 삼을 수 있으리라.

3.

류림 시인은 교단에서 평생을 보낸 교단인이자 교사다. 그 앞과 옆과 뒤에는 어린이가 있고 어린이 시선이 있고 어린이 마음이 있다. 교사가 교직으로 머물 때 어린이들이 풀꽃같이 순결해 보일까? 그는 교직에 있은 것이 아니라 어린이와 함께 하는 교단에 있었을 것이다. 「어린이의 선물」을 읽자.

예쁜 일학년
웃으며 다가와 귀에 대고
"눈 감아요"

눈을 감았다
"손 펴보아요"
작은 소리로 속삭인다

조그만 손으로
꼭 쥐어준 선물
땀이 촉촉이 배어 있다

콩 콩 콩 달려가며

제법 큰 소리로
"이젠 눈 뜨세요"

잠잘 때도 꼭 쥐고 자는
이티인형을
선물하는 일학년

－「어린이의 선물」 전문

따옴시는 화자가 1학년 담임이 되어 학급 어린이의 선물을 받는 내용이다. 동심이 선물로 형상화된 시다. 선물을 주고 싶어 이티 인형을 들고 선생님 앞에 섰지만 그 자체가 부끄럽다. 그것이 동심이다. 그리하여 선생님 귀에 대고 "눈을 감아요", "손 펴보아요", "이젠 눈 뜨세요"하고 속삭인다. 속삭이는 마음 그것이 동심이다. 시에서는 교사가 응답하는 행위는 구체화되어 드러나지 않고 있다. 동심의 언어와 행위에 묵시적 동참이라고 할 수 있다. 동참이면서 그것이 오히려 시의 울림을 더 크게 하는 요인이 된다.

쓰레기 봉지를 들고
까르르 웃는 아이들

쓰레기를 찾느라
숨바꼭질을 한다

보석 같은 웃음을
가득 머금고

보물찾기를 하듯
쓰레기를 줍는 아이들

—「아이들 · 5」 전문

따옴시는 학교에서 어린이들이 쓰레기 줍는 청소를 하는 내용이다. 아마도 운동장 안팎에서의 청소시간일 것이다. "까르르 웃는 아이들", "보석 같은 웃음을 머금고"에서 어린이들이 학교 청소를 즐겁고 기쁘게 하고 있음을 알 수 있다. 그것은 '숨바꼭질'하듯이 '보물찾기'하듯이 한다는 표현이 뒷받침해준다. 일을 한다는 것은 때로는 귀찮을 수도 있고 부담이 될 때가 있고 내용에 따라서는 고통스러울 수도 있는데 어린이들은 마냥 즐겁고 마냥 기쁘다. 이 '마냥'이 교육의 효과이기도 하고 동심이 가르치는 본원적 상태이기도 할 것이다. 교단은 이렇게 따뜻하고 지고한 순수의 원형이다. 한 평생 이런 원형의 둘레에서 둘레를 이루는 교사는 행복한 존재이다. 그래서 천직이리라.

아이들
돌아갈 시간

선생님은 뒷문에 서서
아이들 머리를
쓰다듬어 주신다

입김이 그리운 아이들
선생님께 머리 들이대며
웃으며 다가간다

차별이 될까봐
꼭 두 손으로
마음을 나누어 주신다

인사를 하며
따뜻한 햇살을 안고
웃으며 돌아가는 아이들

– 「머리 쓰다듬어」 전문

따옴시에서는 하교시간에 집으로 돌아가는 아이들을 웃으며 보내준다는 내용이다. 돌아갈 시간까지 교단에서의 임무가 끝나지 않았음을 보여주는 시다. 사제동행이라는 말이 있는데 아이들에 대한 관심과 사랑은 장소와 일과에 구애받지 않고 나눈다는 것에서 거룩함을 담보한다. 선생이 선생답고 학교가 학교답다는 것은 무엇인가. 전천후 사랑의 위치, 전방위 보살핌의 자리를 지켜준다는 뜻일 것이다. 페스탈로치라는 말로 교단의 성스러움을 표현하기도 하지만 어려운 관념이나 철학이 아니라 숨쉬는 자리와 움직이는 자리에 아이들과 나눔의 시간이 된다는 것, 그것이 페스탈로찌의 본질이 아닐까.

이학년 되는 날
오학년으로 가신 선생님 따라
올해 오학년이 되겠단다

내년에
선생님과 같이 이학년이 되면
걱정 없단다

선생님 결혼식날
꽃다발로
축복해드리고

대학 합격 후
선생님을 찾았을 때
선생님 큰 눈은 더 커졌다

음료수를 들고
선생님 뵙고 온 날
사과박스를 안고 제자를 보러 오신

선생님보다 큰
제자를 안고는
오랫동안 등을 쓰다듬어 주셨다

—「좋아하는 선생님」 전문

따옴시는 교단에서 이루어지는 훈훈한 정, 미담으로 까지 이어진다는 시다. 동심과 가르침과 성장이라는 보폭에서 정신과 마음과 신뢰가 어우러지는 것은 아름다운 풍경이 아닐 수 없다. 아름다움과 마음의 원형인 동심으로 교직되는 세계가 교단이다. 담임 이동의 신학기, 선생의 결혼식, 제자의 대학입학, 그리고 보람과 그 교감에서 스승과 제자는 하나가 된다. 이보다 더 거룩한 교감이 어디 있고 행복이 어디 있겠는가. 류림 시인의 교감은 여기까지에 이르고 있다. 동시는 그 자체가 동시이고 동심이다.

4.

류림 시인의 동시는 그렇게 견고한 바탕을 지니고 있다. 웬만큼 객관도가 있는 소재가 아니라면 썼다고 하면 동심의 그늘을 벗어나지 않는다. 그런데다 시인의 아버지도 교단을 지키신 분이다. 2대가 교육자요 선생님이다.

작은 시골학교
우리 집은 우물이 있는 사택

나는 일학년
담임 선생님은 우리 아버지

친구들, 동그란 눈을 반짝이며
"집에서 선생님이라고 부르니?"
나는 고개를 저었다

다음날, 동그란 눈을 반짝이며
"집에서 선생님이라고 부르니?"
나는 눈을 흘겼다

그, 다음날도 동그란 눈을 반짝이며
"집에서 선생님이라고 부르니?"
나는 울고 말았다.

– 「일학년 담임 선생님」 전문

유년체험을 유년의 언어로 쓴 시다. 일학년에 들어갔는데 시골 작은 학교라서 그랬는지는 모르나 공교롭게도 담임선생이 아버지였다. 참 낭패감을 주었을 것이다. 친구들이 이 상황을 놓칠 리가 없었다. 동그랗게 눈을 반짝이며 질문해댄다. "집에서 선생님이라고 부르니?"를 연속으로 다그치는 것이었다. 그래서 결국은 울고 말았다는 것인데 어린이들은 이와 같이 짓궂은 것이다. 짓궂다는 것도 동심의 소산이고 방식일 수 있다 하겠다. 류림은 이렇게 아버지가 담임이요 교사라는 프리미엄을 갖고도 동심의 마당에서는 흠결인 양 놀림을 받기도 한 것이다. 이 장면을 성인시는 붙들 수 없을 것이다. 동심에서 우러나는 심리를 성장한 의식으로 따라잡을 수 있겠는가.

류림 시인은 이사 가는 체험에 추억을 담는다.

소달구지
올망졸망 이삿짐 싣고

외할머니 둘째 동생 걸리고
셋째 동생은 할머니 등에

엄마 손 잡은 나는
내 짐을 챙겼다

색색 자투리 헝겊을 담은
내 보석상자

울퉁불퉁 시골길
이월 바람 부는 길

엄마는 달란다
―팔 아프다 아가야―

내 건너고 비탈길 걸어서
'타박타박'
내가 가지고 이사했다

―「이사 가는 날」 전문

필자는 따옴시를 읽으며 1940년대 우리나라 대표 동시인 최계락을 생각하는데 그의 작품은 「외갓길」 이다. 외갓집 가는 길을 필자는 직접 현지에 가서 걸었는데 분위기가 이 시와 흡사하다. '소달구지 가는 길이고 울퉁불퉁 시골길이고 비탈길이고'가 닮았다. 그리고 시적 수준도 비슷하다. 이사 가는데 여섯 사람이 등장한다. 외할머니 할머니 어머니 그리고 나, 둘째 동생, 셋째동생 등이 6명이다. 화자인 내가 내 보석상자를 챙겨갔다는 것이 중심 화두이다. 거기 동심이 놓이고 할머니, 외할머니, 어머니의 보살핌이라는 환경이 존재한다. '올망졸망' 이삿짐과 올망졸망 아이들이 동격으로 소달구지 삐걱거리는 소리에 어울린다. 이런 동시의 무게는 필자가 보기에 우리나라 동시단의 한 수준이라는 느낌을 받는다. 좋은 시다.

류림 시인은 가족 구성에서도 그 동심을 지키는 보루가 되는 것처럼 보인다. 할머니가 있고 할아버지가 있고 부모가 있고 형제가 있고 외갓집이 있다.

꽁꽁 언 손으로 들어서면
맨발로 달려 나오시는 할머니
"어이구 얼음장이네"
절벽 같은 가슴팍에 두 손을 녹였다

난 심심하면 큰소리로
"할머니 나 얼음장"
웃으며 달려 나오시는 할머니
"정말 얼음장이네"
절벽 같은 가슴팍에 두 손은 넣었다

— 「정말 얼음장이네」 전문

따옴시는 누구에게나 있을 법한 할머니의 사랑을 형상화한 시다. 꽁꽁 언 손을 녹여주는 할머니, 그 사랑을 다시 갖고 싶다는 화자, 그야말로 조손의 아름다운 관계가 눈시울을 건드리는 시다.

'절벽 같은 가슴'이란 말이 가슴을 아프게 한다. 늙어서 육신이 쇠진한 상태를 말하고 있기 때문이다. 다음에 이어지는 「할아버지의 가르침」은 할머니의 사랑이 한 단계 더 들어간 듯한 경지가 아닌가 한다.

마당을 쓸고 있는 손녀
밖으로 쓸어내는 비질을
지켜보시고는

손수 비를 잡으시고
골목에서부터 집 안으로 쓸어들이시고는
비를 세우시며 손을 터신다

아침 밥상머리에서
"비질은 밖에서 안으로 쓸어들여야 한다."
"그래야 복이 집으로 들어온단다."

아침 일찍부터
복을 들이느라
부지런히 골목길을 쓸고 있는 손녀.

— 「할아버지의 가르침」 전문

손녀 사랑이 자상한 훈육으로 이어지는 시다. 할아버지는 할머니에 비해 외향적이고 가르침으로 사랑을 베푸는 보다 큰 아량을 가지고 있음을 보게 된다. 어떤 일이든 방향은 내향이거나 외향이다. 아무래도 어머니나 할머니는 내향이고 아버지나 할아버지는 외향이다. 선비의 길은 이 내향과 외향이 동전 안팎이 되어 일원적으로 실천되는 것이 이상이라고 생각했다. 안으로는 마음을 순정히 다스리고 그에 따라 밖으로는 실천해가는 것을 흔히 「경의(敬義)」라 표현한다. 우리 가족에 있어서도 한쪽은 안으로의 사랑을 갖고 다른 한 쪽으로는 엄정한 실천으로 나가가게 되기를 희망했다. 류 시인의 가족 구성원들에 있어서도 모름지기 이 구도를 희망해온 것이 아니었나 싶다.

5.

류림 시인은 자연에 대해 가감 없이 직행한다. 자연을 있는 그대로 본다는 말에 다름 아니다.

똑

솔방울 하나
떨어지더니

저 혼자 데구르르
또 구르고
길옆으로 구르고
낙엽송 모여 있는
앉기 좋은 곳에 가서야

딱
멈춘다

혼자서
떨어지고
구르고
앉는다

—「솔방울」 전문

따옴시는 글자 그대로 받아적기의 시다. 솔방울이 떨어져 구르다가 멈춘다는 것이다. 너무나 평범한 받아적기다. 그러나 똑, 딱 같은 의성어 또는 준의성어의 활용이라든가 '멈춘다', '앉는다' 같은 절제하는 언어의 끝맺기가 시적인 함축이나 간결성의 격을 이끌어낸다. 좀 냉엄하다는 생각이 들기도 하지만 시인이 언어를 절제할 때까지는 하는 것이라는 문법에 충실한 것이라 하겠다. 백석의 단시형이라든가 윤동주의 소품 시 같다는 느낌을 주기도 한다. 이런 절제가 약간의 느슨함을 보이는 시가 있다.

비가
다녀갔다

바다가 되어버린
넓은 운동장

파란 하늘
솜털구름이 새하얗게 내려왔다

찰방 찰방 발 담그고
숨죽인 치마단 치켜 잡아

물 동그라미
간지라운 발끝을 따라 간다

아찔한 멀미
아
파란 하늘 솜털구름에 떨어지는 외마디

털썩
주저앉은

치맛단에 올라앉은
하늘 구름도 놀랐나 보다
후
그래도 안심이다

— 「하늘에 빠진 날」 전문

따옴시는 성인시로 읽히지만 실은 동심의 표현이다. 그러나 시 전체의 흐름은 사물적이다. 사물에 좇아가는 시라는 뜻이다. 비온 뒤 운동장 고인 물에 솜털 구름이 내려와 앉았고 치마단 올려 잡고 그쪽으로 가다가 멀미가 나 털썩 주저앉고 보니 하늘 구름도 놀랐다는 것이다. '아찔한 멀미'라든가 '외마디'라든가 '안심이다' 같은 감정의 개입이 있지만 그럼에도 전반적으로는 상태의 형용에 가깝다. 사물을 사물로 받아적는 냉엄함이 있다. 왜 류림 시인은 이리 냉엄할까?

꽃수레
봄의 길섶에
꿈속이라 적었다
얇은 살결
화사한 꽃무더기
구름같이 몰려오는 축하객들
가득 가득
쏟아질 듯 봄을 이고
바람결 따라
후루루 후루루 날아오르고
날갯짓 따라
가도 가도 끝나지 않는
꽃구름 속
화려한 봄을 분사하는
와 와!
열광의 도가니
절정의 눈물로 떨어지고 있는 꽃잎들
감동의 비가 내리고
꽃비 되어
행진은 계속되고
꽃수레
하얗게 꽃눈 뒤집어쓰고
꿈속 길 빠져 나온다

— 「벚꽃」 전문

류림 시인은 시행을 짧게 짧게 끊으며 이어간다. '꽃수레, 얇은 살결, 가득 가득, 바람결 따라, 꽃구름 속, 열광의 도가니……,' 같은 데가 그러하다. 그러나 화사한, 화려한, 감동의 비 같은 직설적인 표현들이 있어서 사물은 감정의 개입을 어쩔 수 없이 받아들이고 있지만 벚꽃이 갖는 태생적 화려함에 이 정도 허용은 용납하는 것이 옳아 보인다. 그러나 잘 보면 류림 시인은 절제가 확실히 눈에 잡힌다. "쏟아질 듯 봄을 이고", "봄을 분사하는", "꿈속 길 빠져나온다"가 그러한데 사실 시인은 이 정도로 만족하지 못하는 것이 통례다. 류림의 이러한 절제나 관념적 절제는 사실 그의 전통적 아녀자로서의 몸가짐이거나 교육자로서의 이성이 작용하는 것이라 볼 수 있을 것이다. 시인에게는 그런 가정적, 교육자적 천질이 스스로의 규범이요 규모가 될 터이다.

윤동주의 '규모'는 북간도의 민족주의 흐름이고 기독교 정신이 바탕이 된다는 점인데 류림의 규모는 전통적 정서와 교단인으로서의 천질이 바탕이라고 할 수 있을 것이다. 이육사의 저항적 규모는 가계의 유가적 선비정신과 가까운 인척들의 항일 저항의 실제가 될 것이다.

6.

류림 시인은 의식은 전통의식의 지배를 받고 품성은 동심의 세계에 지배를 받는다. 그 둘 자체가 민족의 원형질이고 삶의 한국적 무늬이다. 거기다 류림 시인의 성인시는 사물 지향적인데 이는 삶의 잣대가 자연이면서 그 외연은

법도로 설명되는 전통사회의 격이라고 할 수 있겠다. 어떤 시를 골라 놓고 보아도 시인은 길을 벗어나거나 비뚤어지는 경우를 보기 힘들다. 이렇게 잡혀진 여성상이 그의 생활이고 인생이고 문학이다. 문학의 길이 따로 있다거나 인생의 길이 따로 있다거나 하는 말은 류림 시인에게는 해당이 되지 않는다. 그의 시는 시로써 류림을 대표한다. 첫 시집 간행을 축하하는 뜻이 여기에 있다.

이 도서의 국립중앙도서관 출판예정도서목록(CIP)은 서지정보유통지원시스템 홈페이지(http://seoji.nl.go.kr)와 국가자료공동목록시스템(http://www.nl.go.kr/kolisnet)에서 이용하실 수 있습니다.

(CIP제어번호 : CIP2018014187)

류림 시집

하늘에 빠진 날

초판인쇄일 2018년 05월 10일
초판발행일 2018년 05월 15일

지은이 : 류 림
발행인 : 김순진
편집장 : 전하라
디자인 : 김초롱
펴낸곳 : 문학공원
등 록 : 2004년 3월 9일 제6-706호
주 소 : 우편번호 03382 서울 은평구 통일로 633
녹번오피스텔 501호 스토리문학사
전 화 : 02-2234-1666
팩 스 : 02-2236-1666
홈페이지 : http://cafe.daum.net/yob51
이메일 : 4615562@hanmail.net